L'ALLIANCE ANGLAISE

LE DANEMARK

ET

LA POLOGNE

PARIS

E. DENTU, LIBRAIRE-ÉDITEUR

PALAIS-ROYAL, 17 ET 19, GALERIE D'ORLÉANS

1864

L'ALLIANCE ANGLAISE
LE DANEMARK

ET

LA POLOGNE

------------◆◆◆------------

I

Plusieurs questions européennes pèsent lourdement sur les affaires. Nous ne sommes pas en guerre, mais ce n'est déjà plus la paix, cette paix solide qui fait qu'on est sûr du lendemain. Il faudrait enfin sortir de cette incertitude qui, à la longue, pour les États comme pour les familles, devient un mal si grave.

« Afin d'éviter une lutte j'ai été aussi loin que me le permettait l'honneur. L'Europe sait maintenant, à n'en plus douter, que si la France tire l'épée c'est qu'elle y aura été contrainte. »

Ces paroles par lesquelles S. M. l'Empereur annonçait en 1854 au Corps Législatif les premières hostilités contre la Russie, auraient pu, dix années après, être répétées à bon droit.

Toutefois, bien que sa tradition, ses sympathies, le

soin de sa gloire, même une juste susceptibilité, et surtout la voix de l'humanité outragée, tout le conviât à entrer en campagne pour la plus sainte et la plus populaire des causes, bien que le cœur de la France entière saignât pour la Pologne, alors qu'un seul mot pouvait amener une conflagration générale, et que beaucoup s'y attendaient, l'empereur Napoléon, écartant pour un temps les nuages de l'horizon politique, fit un loyal et suprême appel à la conscience et à la raison des gouvernements et des peuples.

Il proposait de reconstruire sur de nouvelles bases l'édifice miné par le temps et détruit pièce à pièce par les révolutions, de reconnaître par de nouvelles conventions ce qui s'est irrévocablement accompli, et d'accomplir d'un commun accord ce que réclame la paix du monde.

Eh bien ! à cette proposition d'un Congrès général qui seul pouvait mettre un terme au malaise dont l'Europe est travaillée, que fut-il répondu ? On admira universellement qu'une bouche impériale eût émis une idée digne de l'abbé de Saint-Pierre, un rêve d'homme de bien. Plus d'un diplomate se surprit à sourire d'une telle philosophie sur le trône.

L'Empereur après avoir montré les anciens traités violés et lacérés par tous, et déclaré solennellement que les traités de 1815 ont cessé d'exister, sollicitait de la sagesse et de la prévoyance des hommes d'État de tous pays de discuter et de sanctionner un nouveau pacte fondamental. Y eut-il jamais plus belle occasion de porter tant de questions délicates par devant ce tribunal international que réclame l'esprit de la civilisation? Ce projet avait naturellement réjoui le cœur des plus faibles, mais plusieurs grandes puissances estimèrent plus avantageux de vivre sans loi internationale, de se rendre justice à soi-même et de s'en rapporter aux décisions de la force.

L'Empereur, en signalant où était le danger et où était le salut, avait dit : « Deux voies sont ouvertes : l'une conduit au progrès par la conciliation et la paix ; l'autre, tôt ou tard, mène fatalement à la guerre par l'obstination à maintenir un passé qui s'écroule. » Mais on trouva plus commode de fermer les yeux. Et depuis, l'anxiété politique a été plus vive que jamais. Comment en serait-il autrement, si l'on vit en dehors de tout principe reconnu, sans traité respecté et en ayant toujours en face de soi le droit de conquête?

Les prédictions impériales du 5 novembre n'ont pas tardé à se réaliser. Car, quoique l'empereur Napoléon eut redoublé de longanimité, et poussé la modération jusqu'à ses dernières limites, cela n'a pas empêché le canon de gronder, non pour la Pologne, il est vrai, mais contre le Danemark. Et qu'est-ce que cela a résolu?

Ou la France marchant au bruit du canon, intervient, et alors la guerre se généralise ; ou il faut qu'une réunion d'hommes d'État admette une solution équitable, et alors pourquoi n'y avoir point recouru de suite, au lieu de commencer par se battre?

Ah! si l'Angleterre le voulait, avec quelle promptitude les plus grosses difficultés seraient résolues, les plus criantes iniquités du passé réparées, et les routes de l'avenir heureusement aplanies! En effet, les deux grandes puissances de l'Occident sont assez fortes, si elles sont unies, pour faire partout triompher le bon droit.

L'empereur Napoléon Ier disait, sur la fin de ses jours, avec tristesse :

« L'Angleterre et la France ont tenu dans leurs mains le sort de la terre, celui surtout de la civilisation européenne; que de mal nous nous sommes fait, que de bien nous pouvions faire! Sous l'école de Pitt nous avons désolé le monde, et pour quel résultat!... Avec l'école de Fox, nous nous serions entendus, nous eussions accompli, maintenu l'émancipation des peuples, le règne des principes; il n'y eut eu en Europe qu'une seule flotte, une seule armée; nous aurions gouverné le monde, nous aurions fixé chez tous le repos et la prospérité, ou par la force ou par la persuasion. Oui, encore une fois, que de mal nous avons fait, que de bien nous pouvions faire! »

Cette clarté de vue ne lui venait point de la souffrance seulement. Il n'avait point attendu les leçons du malheur pour comprendre, pour exprimer ces vérités politiques. Dans tout l'éclat du pouvoir, au moment où le vote de la nation française l'avait élevé à la plus haute magistrature de la République, Napoléon, s'adressant comme premier consul à S. M. le roi d'Angleterre, lui écrivait dans sa belle lettre du 5 nivôse an VIII :

« Comment les deux nations les plus éclairées de l'Europe, puissantes et fortes plus que ne l'exigent leur sûreté et leur indépendance, peuvent-elles sacrifier à des idées de vaine grandeur le bien du commerce, la prospérité intérieure, le bonheur des familles? Comment ne sentent-elles point que la paix est le premier des besoins comme la première des gloires? »

Malheureusement, l'esprit de rivalité empêcha toute entente : ce ne fut qu'après une longue série de triomphes et de revers que les deux peuples se donnèrent la main. Et encore le rapprochement fut-il accompagné et suivi de défiances, de froissements et de craintes.

Un jour, le comte Walewski, esquissant dans l'esprit napoléonien le caractère de l'alliance anglaise, les causes qui l'avaient retardée et le but qu'elle doit atteindre, disait :

« Les guerres de l'Empire, quelles qu'en soient au premier abord les causes apparentes, ne furent en réalité que la lutte de l'Europe aristocratique contre la démocratie couronnée. Il n'y eut plus pour elle qu'une pensée, ou, si l'on veut, qu'un intérêt, celui de conjurer la propagande de l'émancipation populaire. »

Se demandant comment l'Angleterre, dont nos publicistes philosophes avaient glorifié le gouvernement modèle, avait pu entrer dans la coalition des gouvernements absolus, il répondait : « L'aristocratie, c'est-à-dire la Chambre des lords, qui nommait elle-même et tenait en sa main la majorité des Communes, possédait à elle toute seule la réalité du gouvernement, et cette constitution tant vantée, avec le mensonge de ses trois pouvoirs, c'était en dernière analyse l'organisation d'un pouvoir unique, c'est-à-dire une oligarchie consolidée. »

Et il ajoutait : « On comprend alors comment cette oligarchie, dont la puissance reposait sur de vieilles chartes transformées en arche sainte par des préjugés habilement entretenus et dont la fortune trouvait une inépuisable source dans de vieux abus, invoquant contre toute réforme une sorte de prescription, dut s'effrayer à l'aspect de notre démocratie logicienne, qui, ne se payant pas d'apparences, faisait hardiment passer dans ses lois une liberté positive et une égalité pratique. On comprend que les grands tenanciers de bourgs-pourris tremblassent de voir le peuple anglais s'éclairer aux lumières de la nuit du 4 août, surtout lorsqu'un peu plus tard la dialectique populaire tirait si énergiquement les conséquences de ce vote arraché à la noblesse par un moment d'enthousiasme. Il est clair que la contagion de l'exemple n'était pas moins à craindre pour les fiefs et les bourgs de l'aristocratie anglaise que pour les trônes du continent. Si d'un côté c'était le despotisme pur qui était menacé, c'était de l'autre la plénipotence oligarchique. Les Chatam, les Pitt, les Liverpool, tous les chefs de cette puissante aristocratie anglaise ne sentirent que trop bien le danger personnel qui les menaçait, et ils mirent tout en œuvre pour le prévenir. De là cette guerre inexorable contre la France. Certes en cette circonstance, l'oligarchie anglaise, sacrifiant à ses propres intérêts ceux du pays tout entier, méconnaissait l'indestructible force que pouvaient acquérir par une alliance deux grands pays unis entre eux par une conformité d'institutions. On peut résumer sa politique par ces mots : Périsse l'Angleterre, plutôt que la puissance de l'aristocratie anglaise ! Alors elle fit du gouvernement anglais le banquier de la coalition absolutiste, alors elle fondit toutes les richesses du pays pour acheter la ruine de la révolution française, alors enfin elle ne craignit pas de conduire l'Angleterre à deux doigts de sa perte. »

Le Comte montrait comment, après nos désastres de 1814 et de 1815, les rois crurent avoir définitivement gagné leur cause contre les peuples, se persuadant qu'on acceptait partout la chose jugée au profit des aristocraties et des trônes, et comment lorsqu'au réveil de la révolution de Juillet, les puissances absolutistes firent volte-face ensemble vers l'Occident, la première pensée de la coalition fut d'enrôler l'Angleterre.

« Mais, poursuivait-il, l'Angleterre de 1830 n'était plus l'Angleterre de 1798. La puissance du parti tory de plus en plus minée par le progrès de la raison publique, touchait à sa fin, qui fut effectivement hâtée par le contre-coup de la Révolution de juillet. Quelques mois plus tard le parti whig prenait possession des affaires, et le gouvernement réformiste devenait l'allié du nouveau gouvernement inauguré en France. Il faut le dire cependant, ce ne fut pas l'affaire d'un jour de cimenter cette alliance. Malheureusement cette hésitation a eu de bien désastreuses conséquences. N'y a-t-il pas lieu de penser, en effet, que si, dès le principe, il y avait eu confiance mutuelle entre les deux pays, la Pologne eût été sauvée? Car ce qu'aucun des deux gouvernements agissant isolément n'a eu le courage de faire, agissant avec leurs forces collectives, les deux gouvernements l'auraient fait; et quelle force pour l'Europe occidentale, si ce boulevard contre les envahissements de la Russie fût resté debout; la paix de l'Europe était alors établie sur la plus désirable des garanties : l'impuissance russe. »

Et à propos de l'animosité que l'empereur de Russie, ce grand promoteur des croisades contre-révolutionnaires, portait au Cabinet britannique, il regrettait que la France de Juillet n'en sût pas profiter, et il en signalait les motifs : « C'est que le Cabinet des Tuileries n'a pas cessé de nourrir l'espoir insensé de faire sa paix avec les puissances du Nord. Vainement les faits sont-ils venus donner un constant démenti à ses illusions naïves. Que recueillait cependant la France de cette politique en partie double? Elle s'éloignait de l'alliance anglaise sans se rapprocher effectivement de l'alliance du Nord. Elle s'exposait à perdre l'une sans gagner l'autre. Toutes les concessions faites aux cours absolutistes n'atténuaient en rien leur malveillance. »

Et le Comte terminait ainsi : « Il faut partir d'un principe immuable : c'est qu'il n'y a d'alliances durables, quelles qu'elles soient, qu'autant qu'elles reposent sur des intérêts réciproques. On fait peu de dupes en politique, ou du moins les duperies ne sont pas longues. Si vous voulez l'alliance anglaise, sachez la vouloir franchement, complétement, sincèrement ; mettez de côté des jalousies nationales qui ne sont plus de notre époque, et surtout quand vous tendez cordialement la main à gauche, ne la tendez pas clandestinement à droite ; ne trahissez pas des amitiés ouvertes et déclarées pour des amitiés secrètes et plus que douteuses. L'alliance anglaise est non-seulement la garantie la plus réelle de l'indépendance nationale, de la monarchie élue, mais je le dis sans hésitation, elle est la garantie des libertés de la France. Il importe avant tout que les gouvernements libres se rapprochent et se serrent, qu'ils tendent une main secourable à toute nation qui se débat pour se constituer sur un principe analogue au leur, de manière à présenter contre la ligue des puissances absolutistes l'indestructible faisceau des puissances occidentales. Que le gouvernement, toujours préoccupé de l'étroite pensée de mériter les bonnes grâces des vieilles dynasties, se laisse prendre aux séductions de la diplomatie russe, nous n'en sommes pas surpris, mais que l'opposition nationale proteste, qu'elle défende jusqu'à la fin la noble cause des alliances fondées sur les principes, et qu'elle n'oublie jamais que l'alliance anglaise est devenue le palladium de la puissance démocratique en Europe. »

C'est ainsi que le comte Walewski appréciait avec justesse la politique du roi Louis-Philippe dans ses rapports avec la Grande-Bretagne.

Si des deux côtés du détroit les deux nations furent si lentes à se comprendre, la faute en incomba tour à tour à l'une et à l'autre. La France de la Restauration compromit l'alliance, quand en 1823 elle se jeta dans la guerre d'Espagne pour y étouffer les libertés constitutionnelles. L'Angleterre la rendit impopulaire, lorsqu'en 1840 elle froissa la France de qui le ministère libéral voulait appuyer la croissance de la nationalité égyptienne.

Les Bourbons n'avaient pas la force de se maintenir, avec une fermeté digne, dans l'alliance anglaise. La veille de leur chûte, les Bourbons de la branche cadette comme ceux de la branche aînée l'avaient désertée, Charles X pour l'alliance russe, et Louis-Philippe pour l'alliance autrichienne.

Durant des années on parlait sans cesse de l'entente cordiale, mais elle n'était pas une vérité. Il fut un jour où elle le devint, c'est lorsque sur les champs de bataille de l'Alma et d'Inkerman, sous les murs de Sébastopol, les vaincus et les vainqueurs de Trafalgar et de Waterloo mêlèrent leur sang et sur terre et sur mer pour le triomphe d'une cause juste. Le signe de l'alliance anglo-française est sur la poitrine de chaque Criméen.

Maintes fois, par l'effet d'un vieux levain de jalousie nationale, les deux puissances occidentales ont vu leurs rapports s'obscurcir. Mais la sagesse des hommes d'État doit tendre à calmer des aigreurs toujours regrettables, à dissiper des appréhensions non justifiées, à renouveler et à perpétuer ce moment heureux où durant la guerre d'Orient, à Londres comme à Paris, tous les cœurs battaient à l'unisson.

Il est vrai que si l'Angleterre en 1855 eût voulu faire succéder à une guerre maritime une guerre continentale, la paix n'eût pas été signée avec la Russie sans qu'il n'y ait eu une Pologne. Et lors de la guerre de 1859, si l'Angleterre se fût jointe à la France contre l'Autriche, nous ne nous fussions point, au milieu de nos victoires, arrêtés tout à coup sur le Mincio, mais l'Italie eut été libre jusqu'à l'Adriatique.

Rendons toutefois cette justice au Cabinet britannique qu'il fut le premier au Congrès de 1856 à proposer que l'on consultât les vœux des populations dans les principautés danubiennes, ce qui fut l'inauguration du plébiscite dans les affaires internationales. Puis comme pour compenser son inaction militaire pendant que nous luttions à Magenta et à Solferino, le Cabinet de Saint-James concourut diplomatiquement à maintenir le principe de non-intervention, de façon que l'Italie pût rester maîtresse de ses destinées et achever par elle-même l'œuvre de sa réorganisation. Tout dernièrement enfin, il a donné un noble exemple en rendant spontanément les îles Ioniennes à la Grèce.

L'accord des deux nations les plus puissantes et les plus civilisées est depuis longtemps considéré comme la condition essentielle d'une politique sagement progressive. L'alliance de l'Angleterre et de la France est nécessaire à la paix et à la liberté du monde.

L'amitié entre ceux qui ont été longtemps séparés et hostiles ne s'improvise pas, nous le savons. Il faut pour la cimenter des concessions mutuelles.

L'empereur Napoléon Ier quand, de son rocher de Sainte-Hélène, il jetait un regard sur l'avenir, indiquait que c'était contre la Russie que l'alliance de l'Angleterre et de la France se nouerait le plus facilement. Il disait encore que pour renforcer une alliance précieuse à tant de titres, il fallait faire aux Anglais des avantages commerciaux.

On put craindre un [instant, lorsque l'héritier du grand homme fut appelé au pouvoir par le suffrage du peuple et de l'armée, qu'il s'appliquât à recommencer l'épopée militaire du premier Empire, et à donner comme but principal à sa politique l'abaissement de l'Angleterre. Mais l'empereur Napoléon III préféra suivre les avis de son glorieux oncle, les conseils de la dernière heure. Et il y était d'autant mieux préparé qu'il avait pu dans un long exil apprécier personnellement les qualités solides du peuple anglais, qui est appelé à réparer dans le monde le mal qu'a fait son oligarchie.

C'est pourquoi nous avons eu et la guerre de Crimée de 1854 et le traité de commerce de 1860.

Les whigs sur le libéralisme desquels Napoléon Ier comptait pour le bonheur des générations futures se sont trouvés, sous le règne de son neveu, durablement au pouvoir. S'ils n'ont point fait tout ce qu'on était en droit d'attendre d'eux, pourtant ils ne sauraient vouloir restaurer la politique égoïste des anciens tories, car de la malédiction des nations déçues et abandonnées et de la désespérance du peuple anglais lui-même sortiraient inévitablement des catastrophes inouïes.

Sous les d'Orléans, l'alliance de la France et de l'Angleterre avait pour objet et eut pour résultat de maintenir la paix et de réparer des désastres réciproques ; aujourd'hui elle doit tendre à prévenir les calamités de l'avenir par d'opportunes concessions à l'esprit du temps. On proclamait le principe de non-intervention ; mais on se bornait à s'abstenir d'intervenir. Depuis, on a su contraindre les autres à ne pas intervenir. L'Angleterre et la France ont arrêté en 1854 les empiétements de la Russie. Aujourd'hui le devoir et l'honneur exigent que l'alliance anglaise fasse un pas de plus et soit pour les peuples opprimés un secours efficace.

Nous l'avons sollicité, espéré pour la Pologne, mais il nous a fait défaut. Le cabinet anglais n'a pas même voulu d'une note collective adressée à la Russie, il a déclaré qu'il ne ferait pas la guerre, et il a refusé le congrès.

Ce qui n'a pas été possible hier ne le deviendrait-il pas demain ? Autrement que deviendrait notre alliance, si elle cessait d'avoir pour but le développement des libertés et la défense du principe des nationalités ?

III

S'il est une cause pour laquelle l'Angleterre et la France doivent être naturellement unies, c'est celle du Danemark, puisqu'il est le plus vieil ami de la France en même temps qu'il est devenu l'allié le plus intime de l'Angleterre.

Les ministres anglais ne voudront sans doute point qu'il soit dit qu'au lendemain du jour où l'héritier présomptif de la couronne d'Angleterre a épousé une princesse danoise, ils ont laissé démembrer le Danemark, comme Louis XV, après avoir épousé une princesse polonaise, laissa démembrer la Pologne.

Il y a plus d'analogie qu'on ne le croit généralement entre ce qui se passe aujourd'hui en Danemark et ce qui se passa en Pologne il y a un siècle. Mêmes procédés, mêmes artifices et même but. Nous voyons des dissidents sur l'Eider comme autrefois sur le Niémen, étrangers qui, après avoir reçu une longue et humaine hospitalité, n'ont eu d'autre souci que d'appeler l'ennemi, leurs anciens compatriotes, dont ils se trouvent n'avoir été que l'avant-garde. Une famille de princes allemands occupait le trône de Pologne en même temps qu'elle régnait sur la Saxe, comme des princes d'origine allemande sont à la fois rois de Danemark et ducs de Holstein. Et la façon d'agir des soldats du roi Guillaume en Slesvig diffère peu de celle des soldats du grand Frédéric en Posnanie.

Il n'y a de comparable aux douze cents pièces diplomatiques déjà échangées au sujet du conflit dano-allemand que les innombrables notes, contre-notes et protocoles qui ont précédé le partage de la Pologne.

D'érudits historiens allemands se sont mis à démontrer que primitivement la partie entière de la presqu'île jusqu'à la pointe du nord était habitée par des races allemandes et qu'elle avait été envahie par les Danois, de même qu'au dix-huitième siècle les savants au service des cours co-partageantes prouvaient que le territoire qu'elles voulaient enlever aux Polonais était originairement un territoire germanique ou russe. Les envahisseurs n'avaient sur les lèvres que les mots de justice et tolérance et ne parlaient que de réparer le tort qui leur avaient été fait; ils ne conquéraient point; ils récupéraient ce qu'au temps jadis on leur avait pris.

Dernièrement la Prusse et l'Autriche ont soudain fait taire leurs rivalités pour passer l'Eider ensemble, tout comme elles les avaient fait taire pour passer ensemble la Vistule; elles n'ont jamais contracté alliance qu'aux dépens d'un tiers. Et la Russie est toute prête à invoquer ses vieux droits du chef des Holstein-Gottorp; et si elle ne prend rien en Danemark, elle espère bien s'en dédommager un jour, avec l'assentiment de l'Allemagne, sur la Suède, cet autre membre tant convoité de la Scandinavie.

Pas de question qui ait été plus embrouillée que

celle du Slesvig et du Holstein, et pourtant il n'en est pas de plus simple.

La monarchie danoise, outre les îles, comprend le Jutland et le Slesvig, et de plus, comme duc de Holstein et de Lauenbourg, S. M. le roi de Danemark fait partie de la Confédération germanique, et à ce titre il est tenu à certaines obligations envers l'Allemagne.

La source des difficultés qui se sont accumulées entre l'Allemagne et le Danemark vient de ce que le droit d'ingérence légitime que, en certains cas, la Confédération germanique a dans les duchés de Holstein et de Lauenbourg, pays allemands, elle tend à s'exercer abusivement dans le Slesvig, pour protéger, dit-elle, les Allemands qui l'habitent.

Or, le Slesvig est incontestablement une terre danoise. Même en 1815, époque si peu favorable aux droits des peuples, le Slesvig ne fut pas admis dans la Confédération germanique, comme étant reconnu pays non-allemand.

De ce que les duchés de Slesvig et de Holstein se sont trouvés durant des siècles sous un même prince, il en est résulté certains liens entre eux. Les Allemands du Holstein avaient toutes les facilités d'immigrer sur l'autre rive de l'Eider dans le Slesvig, et ils n'ont point diminué, grâce à l'esprit de tolérance des Danois.

En 1848, profitant du mouvement qui se produisit partout en faveur du principe des nationalités, les Allemands essayèrent d'induire l'Europe en erreur en inventant une nationalité *Schleswig-Holsteinoise*. Ils prirent pour programme : « Union du Schleswig et du

Holstein en un seul État et leur incorporation à la Confédération Germanique. » Ils se disaient, en effet, que si au Holstein entièrement allemand était joint le Slesvig où il y a une portion allemande (les deux duchés étant d'ailleurs à peu près égaux en population), le Slesvig serait forcément entraîné dans le giron germanique.

Aussi l'idée fixe des Allemands est-elle de détacher le Slesvig du Danemark. S'agit-il de constitution pour la monarchie danoise, les Allemands soutiennent qu'elle ne doit pas plus s'étendre au Slesvig qu'au Holstein. S'agit-il du droit de succession, ils prétendent qu'il doit être le même pour le Slesvig que pour le Holstein.

Les puissances européennes croyaient avoir résolu la question de succession par le traité de Londres de 1852. Or, voici qu'à la mort du roi Frédéric VII, la Prusse et l'Autriche ne veulent pas reconnaître les droits de Christian IX, mais occupent les duchés de Holstein et de Slesvig, et les gardent comme gage que les articles des conventions recevront l'interprétation que l'Allemagne désire.

Nous ne reproduirons pas l'énumération des excès commis par les Austro-Prussiens dans le Slesvig, qui est traité par eux en pays conquis. Les justes griefs des Danois, ont été portés devant l'Europe par le ministre des affaires étrangères de Copenhague.

Mais nous ferons une remarque : les Autrichiens disent qu'ils se battent sur l'Eider pour une cause nationale. Or, leur armée y est composée de Croates, Hongrois, etc. L'Autriche ne fait partie de la Confédération que pour ses pays allemands, mais elle met au service de la Confédération les troupes qu'elle a tirées de ses pays non-allemands. Et l'on trouve cela tout naturel !

Mais quand la Suède qui est scandinave, parle de secourir le Danemark qui est aussi scandinave, alors on s'y oppose au nom du principe de non-intervention ! Et pourtant si le Danemark succombe, la Suède sera la première à en souffrir.

En 1831 aussi, on conseilla aux Modénais et aux Bolonais, de ne point se secourir pour ne pas donner par leur intervention réciproque un prétexte à l'intervention étrangère. Restés isolés, ils n'en furent que plus aisément écrasés tour à tour.

La gravité de la situation est bien comprise à Stockholm : « Si l'Allemagne, disent les patriotes scandinaves, songe à conquérir le Slesvig, ce n'est certainement pas pour gagner quelques lieues carrées, ni pour transformer en Allemands deux cent mille Danois environ, qui habitent le nord ou le centre du Slesvig ; mais c'est plutôt parce qu'elle veut se rendre maîtresse du Sund et des Belt. Celui qui possède le Slesvig a la clef des deux autres grands passages, et plus encore la clef de tout le Danemark. Le Slesvig une fois perdu, il est impossible de conserver le reste. L'Eider est la vraie frontière, la frontière naturelle du Danemark, selon le droit des gens non moins que sous le rapport historique, national et stratégique. Il est impossible que le gouvernement et que le peuple français permettent que le Danemark soit détruit par un fait brutal, par un inique démembrement qui rappelle celui de la Pologne. Ils savent trop bien que, pour l'aider à réaliser ses nobles desseins et la soutenir dans ses généreux efforts, la France ne saurait avoir de plus fidèle et de plus sûr allié que la Scandinavie unie. »

La France n'a pas oublié la dette qu'elle a contractée envers le Danemark, qui a tant souffert pour nous dans les premières années du siècle.

Nous ne pouvons qu'applaudir à l'initiative qu'a prise le cabinet britannique, d'ouvrir une conférence pour y résoudre la question Dano-Allemande. Si l'on peut s'entendre sur la base des transactions de 1851-1852, c'est bien. Mais si l'on ne tombe point d'accord, ne pourrait-on tenir compte du vœu des populations ainsi que cela s'est pratiqué pour les principautés danubiennes sur la proposition de lord Clarendon?

Il existe un certain rapport entre les deux questions : les Russes avaient non-seulement envahi les deux principautés de Moldavie et de Valachie, comme les Prussiens et Autrichiens ont envahi les duchés de Holstein et de Lauenbourg, mais encore mis le siége devant Silistrie, comme il l'est aujourd'hui devant Duppel. Ils voulaient conserver les principautés comme gage matériel jusqu'à la paix, mais force leur fut de se retirer. Et après la paix les populations furent consultées.

Pourquoi ne pas employer un moyen analogue ? Le vote en Moldavie et en Valachie donna tort aux Russes; en Holstein et en Lauenbourg, il pourrait donner raison aux Allemands. L'Allemagne gagnerait ainsi le beau port de Kiel, et une population de matelots pour sa flotte si persévéramment rêvée. Le Danemark conserverait la limite de l'Eider, cette limite qu'il ne consentirait à céder à aucun prix, et que le gouvernement du roi a déclaré vouloir défendre jusqu'à l'extrémité, dans Copenhague même.

Le Danemark en renonçant au Holstein et au Lauenbourg, ferait un notable sacrifice, mais en cessant d'être membre de la Confédération germanique, Sa Majesté le roi de Danemark échapperait à d'inextricables complications. Il gagnerait en indépendance ce qu'il perdrait en territoire. D'ailleurs par compensation, il devrait être entendu que les pays scandinaves (Suède, Norwège et Danemark) auraient toute latitude de resserrer entre eux leurs liens fraternels.

Mais pour que le plébiscite pût fonctionner, il faudrait que les armées repassassent l'Elbe : il ne devrait y avoir nulle troupe sur la surface des duchés.

Les habitants du Holstein et du Lauenbourg auraient à déclarer s'ils veulent rester sous l'autorité du roi de Danemark ou non. Et s'ils s'en séparaient, ils auraient le droit de se donner un gouvernement de leur choix.

On se rappelle que dernièrement dans sa lettre au duc d'Augustenbourg, l'empereur Napoléon déclarait ne pouvoir en aucun lieu se prononcer contre le principe des nationalités. La question, par le plébiscite dans les duchés de Holstein et de Lauenbourg, recevrait une solution conforme à ce principe. Mais évidemment la France ne pourrait, malgré son bon vouloir envers l'Allemagne, souscrire à une concession plus grande.

L'Empereur, en effet, disait à l'ouverture des Chambres, le 18 janvier 1858 :

« Si la politique de la France est appréciée comme elle le mérite en Europe, c'est que nous avons le bon esprit de ne nous mêler que des questions qui nous intéressent directement, soit comme nation, soit comme grande puissance européenne ; aussi me suis-je gardé de m'immiscer dans la question des duchés qui agite aujourd'hui l'Allemagne ; car cette question purement allemande, restera telle, tant que l'intégrité du Danemark ne sera pas menacée. »

IV

L'héritage de Napoléon Ier donne à l'Empereur, son neveu, une grande force dans le monde ; Mais cet héritage a aussi ses charges, puisqu'à chaque démarche qu'il tente le fantôme du premier Empire avec ses guerres sans fin, et ses agrandissements sans mesure, se présente aussitôt à l'esprit de l'Europe inquiète et alarmée.

C'est pourquoi il est bien que l'Angleterre ait pris en mains les affaires du Danemark, pourvu qu'elle persévère. Que ne fait-elle de même pour la Pologne?

L'Empereur Napoléon avait essayé de créer un concert pour régler le différend entre la Pologne et l'empereur de Russie. Mais il n'a point réussi : l'Angleterre serait peut-être plus heureuse. Et vu l'apaisement actuel de l'insurrection, S. M. l'empereur Alexandre serait, sans doute, plus disposé à entrer en discussion. On se souvient qu'à la première proposition d'un congrès, la Russie avait déclaré que des conférences, où toutes les autres questions qui agitent l'Europe seraient débattues, ne blesseraient en rien sa dignité.

L'Angleterre n'estimerait-elle pas opportun de mettre la question polonaise à l'ordre du jour de la conférence où seront jugés les points en litige entre le Danemark et l'Allemagne? Nous attachons du prix à ce que l'affaire de Pologne soit soumise à un tribunal européen; mais il est égal que ce soit à Londres ou à Paris. La France assurément n'aura point l'idée de soulever une mesquine discussion d'étiquette, et l'Angleterre peut compter sur notre cordial concours avec la certitude que nous n'y apporterons aucun système préconçu.

Si tous les modes de solution, qui ont été jusqu'ici présentés, ont été successivement écartés, ce n'est point un motif pour désespérer d'en trouver un qui en tenant quelque compte des intérêts du présent, donne satisfaction à tous les droits légitimes.

Que disait-on à l'ouverture du Congrès de Vienne, dès qu'il s'est agi de la nationalité polonaise? Les éminents hommes d'État qui pesaient alors les destins de tant de peuples divers, parlaient de rétablir une Pologne qui ne fût point un danger pour ses voisins, et ils rappelaient que le partage s'était effectué en vue surtout de poser des bornes à telle ou telle ambition exclusive.

La conclusion qui survint après tant de laborieuses conférences fut loin de répondre aux prémisses ; car l'état de choses que l'on a créé en Pologne n'a ni contenté les habitants ni procuré la tranquillité à ceux qui les gouvernent : témoins, la Révolution de 1830 à Varsovie, les massacres de Gallicie, en 1846, les mouvements de Posnanie en 1848 et l'insurrection générale d'aujourd'hui.

On faisait sonner bien haut les institutions nationales qui seraient accordées à toutes les parties de l'ancienne Pologne. Les cœurs les plus ulcérés eux-mêmes s'ouvraient à l'espérance. Or, dès que le danger fut passé, on considéra comme rebelle quiconque osait rappeler des promesses solennellement données, mais destinées à rester lettre morte.

Supposons que, sur les suggestions de l'Angleterre, par un élan de justice et dans toute la plénitude de leur autorité, les trois souverains qui règnent sur le territoire qui composait l'ancienne république de Pologne octroient spontanément aux pays polonais qui leur sont soumis des institutions politiques analogues, des diètes provinciales dont les députés formeraient une assemblée centrale à Varsovie, et un sénat dont les membres seraient nommés par chacune des trois cours, une telle confédération polonaise ne répondrait-elle point aux nécessités actuelles ?

Un tel État pourrait même se passer d'armée. Et les Polonais, malgré leur tradition guerrière, en prendraient sans doute d'autant mieux leur parti que, dans une semblable combinaison, il ne leur resterait aucune province à récupérer. Ils ont tant souffert depuis un siècle que certainement les soins de leur agriculture et de leur industrie leur créeraient une occupation suffisante. Avec la neutralité de la confédération polonaise et l'interdiction pour tout corps d'armée de pénétrer sur son territoire, les trois puissances de Russie, de Prusse et d'Autriche se trouveraient pleinement assurées contre de mutuelles agressions.

L'Angleterre, qui a souvent semblé craindre que le rétablissement de la Pologne ne doublât la prépondérance militaire de la France sur le continent, pourrait ainsi bannir toute appréhension et même recueillir les premiers fruits de cette restauration nationale, en raison de la reconnaissance due à une noble initiative.

La Russie, une fois délivrée des embarras que lui crée périodiquement une nation dont la vitalité est indestructible, pourrait avec sécurité développer tous les germes de grandeur intérieure qu'elle possède.

Que de son côté l'Allemagne simplifie comme elle le voudra les rouages de son organisation politique, nous ne pouvons que nous en réjouir ; car jamais le bonheur et la prospérité d'une nation voisine n'excitera la jalousie de la France.

Nous avons suivi avec intérêt la série des projets qui ont été soumis, il y a quelques mois, aux princes allemands réunis à Francfort. C'est toujours un beau spectacle que celui de princes préoccupés d'aller au devant des vœux de leurs peuples. Toutefois nous nous demandions si la continuation de la dualité de l'Autriche et de la Prusse est dans le véritable intérêt de la nation allemande. Nous savons que, tous les peuples n'ont pas le même caractère, et nous n'avons garde de recommander à tous les autres l'adoption de notre centralisation unitaire. En tout cas il faut une seule direction, et non point deux directions en sens contraires.

S'il s'agit de choisir entre l'hégémonie de la Prusse et celle de l'Autriche, nous devons observer que la restauration de la suprématie autrichienne en Allemagne ne servirait point précisément la cause du progrès. Si l'Autriche a une mission, elle est ailleurs. C'est évidemment la Prusse qui, comme principale puissance allemande, est la tête de l'Allemagne ; c'est donc à elle, il semble, que revient la direction militaire des forces allemandes et même la création d'une flotte allemande, si le vœu des populations l'appelle à s'annexer le Lauenbourg et le Holstein.

Quant à l'Autriche, sans l'exclure de la Confédération germanique, ne pourrait-on lui ménager vers l'Orient le champ principal de son activité ? Et c'est ici que se présente un point très-délicat. Il faudrait d'abord que la Vénétie fût rendue à l'Italie. Il est urgent d'éteindre dans le nord de la Péninsule un dernier foyer de troubles et de guerres. Puis comme il ne peut s'agir de compenser la liberté d'un peuple par l'assujetissement d'un autre, et qu'il n'y a plus guère d'autorité possible qu'avec le consentement des populations, il serait indispensable que les pays du Danube vissent dans la combinaison qui leur serait offerte un double avantage moral et matériel.

Il y a là quatre nations : la Bohême, la Hongrie, la Roumanie, la Serbie, dont chacune est trop faible pour rester sans danger dans l'isolement, mais dont le génie est trop divers pour qu'elles puissent se fondre, et dont le premier besoin paraît être de créer sous une forme ou sous une autre un lien qui les rapproche, sans affecter toutefois leur autonomie, chacune ayant son assemblée souveraine, son prince, ses finances et son armée. On pourrait, comme beaucoup de bons esprits l'ont déjà pressenti, établir une confédération danubienne et en déférer la présidence à S. M. l'empereur d'Autriche.

Tant que l'Autriche restait un empire absolu, un tel projet n'eût servi qu'à étendre la sphère d'une action rétrograde. Si l'Autriche pratiquant sérieusement le régime constitutionnel, arrivait à admettre, à la façon anglaise, que le souverain règne et ne gouverne pas, la confédération dont nous parlons pourrait se développer sous ses auspices pour le plus grand bien du commerce et de l'industrie. Nous ajouterons que certains éléments nationaux auraient ainsi plus de facilités à se grouper selon leurs affinités propres, par exemple, la Croatie et autres pays slaves du midi avec la Serbie, la Bukovine avec les Principautés-Unies, et les Roumains et les Magyars de Transylvanie à converger peu à peu librement vers Pesth ou Bucharest.

Pour le fonctionnement de la confédération, on aviserait à créer un organe central au moyen de députés envoyés par les quatre nations.

On dira peut-être que ce sont là des utopies politiques. Mais la vraie politique ne consiste-t-elle point à accommoder la vie du présent et les aspirations de l'avenir, en faisant une juste part aux traditions du passé; à ménager les transitions, à arracher les hommes aux vieux rivages pour les diriger vers les terres nouvelles? Les idées justes font toujours leur chemin, et la victoire, en définitive, reste à la raison publique.

V

L'empereur Napoléon III a adopté la maxime du premier Napoléon : au dehors, régénérer les peuples par les rois, et au dedans, réconcilier les classes ; partout prendre pour *criterium* le suffrage populaire, et asseoir la société sur la satisfaction des intérêts généraux.

On ne saurait en effet, sans anachronisme, songer à combattre la révolution, mais la sagesse consiste à lui creuser son lit de façon qu'elle puisse tout féconder sur son passage.

Le système actuel de notre gouvernement est aussi éloigné de la politique conquérante de Napoléon Ier que de la paix humiliée de Louis-Philippe. Et ce n'est pas renier la tradition napoléonienne, c'est la suivre, au contraire, puisque le grand Empereur mourant disait : « Recommencer mes guerres, ce serait déclarer que je n'ai rien fait ; ce serait n'être qu'un singe. »

Quand le gouvernement de l'Empereur s'applique à écarter tout motif de froissement, il est pénible de voir accumuler des griefs comme à plaisir. Pourquoi, par exemple, célébrer avec fracas en Allemagne l'anniversaire de la bataille de Leipsik, et en Russie l'entrée des alliés à Paris? Croit-on que nous soyons insensibles aux insultes dirigées contre les mânes des héros-martyrs de la Grande-Armée? L'Angleterre a eu du moins le bon esprit de ne plus fêter Waterloo.

La Russie, sans souci de l'anathème de tous les pays civilisés, continue à fouler aux pieds le droit et l'humanité à Varsovie comme à Vilna. N'écoutera-t-elle donc point la voix de l'Europe, ou l'Europe ne saura-t-elle la contraindre à être juste?

La Prusse est-elle bien prudente? Elle savait notre lien amical avec le Danemark, et elle l'envahit sans droit. Qu'eût-elle dit si, pour toute réponse, nous avions occupé les provinces rhénanes?

L'Autriche n'a pas osé sortir de sa réserve envers la Russie, et pourtant c'est un de ses ministres, M. de Metternich, qui disait à M. de Mortemart : « Vous autres Français, vous vous laissez éblouir ; rapportez-vous en à nous. Nous observons et connaissons les Russes depuis cent ans ; leur force n'est que d'apparat, et elle l'est encore plus que jamais dans ce moment. Quant aux pertes, elles sont immenses ; elles ne seront ni facilement ni promptement réparées, et je ne puis m'expliquer comment vous ne les jugez pas de même. » Aujourd'hui, non-seulement l'Autriche laisse la Russie faire la police chez elle, mais elle a mis l'état de siége en Gallicie hier, et demain peut-être elle le proclamera en Hongrie.

L'Europe ne fera-t-elle point l'effort nécessaire pour sortir de cet état précaire?

L'Angleterre, la première, a signalé les dangers d'un renouvellement de Sainte-Alliance négative pour la Pologne et active contre le Danemark, en attendant que l'on se croie assez fort pour reprendre une revanche contre l'Italie, en même temps que contre l'Angleterre et la France. Mais il ne suffit point de discours de parlements ni d'articles de gazettes, il faudrait un acte. L'Angleterre le veut-elle faire?

Que l'on considère ceci : il faut que le progrès s'accomplisse, avec calme ou dans la tempête. Ne serait-il pas mieux de s'entendre pour diriger les événements en contenant les passions?

Laisser la France seule, c'est la laisser avec la révolution. Elle en est plus forte peut-être, mais d'une force qui déborde.

Louis XIV disait qu'il ne faut exposer au hasard rien de ce qui peut être assuré par la prudence. Et Napoléon Ier avait pour habitude de ne jamais énoncer ses projets avant l'heure, au risque d'être un long temps méconnu.

C'est par l'un des effets de cette méthode qu'il y a douze ans les partis en France furent vaincus tous ensemble, dans le temps qu'ils se riaient d'un président qu'ils croyaient fini.

Nous ne pouvons penser que la majorité des rois

veuille amener les choses au point d'être traitée comme le fut la majorité parlementaire.

Mais il y aurait à déplorer la folie de ceux qui rêveraient de mettre un Napoléon entre un complet abandon de la cause des peuples et un coup d'État européen.

5 Avril 1864.

FIN.

Imp. de L. Tinterlin et Cᵉ, rue Nve-des-Bons-Enfants,